나의 첫 역사책 12

새로운 우리나라
조선

이현 글 | 홍지혜 그림

휴먼
어린이

몽골인이 세운 원나라는 세계의 절반을 정복했어요.
온 세상 사람들이 몽골이라면 벌벌 떨었어요.

"우리 몽골은 세계 최강, 천하무적이지! 으하하하."

한반도의 새로운 이름, '조선'.
새 나라 조선 사람들은 어떤 꿈을 꾸었을까요?

몽골인들은 그저 자신만만했어요.
왕은 놀기에 바빴고, 신하들은 서로 다투었고,
군사들은 싸우는 법을 잊었어요.
중국 곳곳에서 짓눌려 지내던 사람들이 힘을 모으기 시작했어요.

고려도 몽골의 손아귀에서 벗어나고 있었어요.
하지만 또 다른 어려움이 찾아왔어요.
왜구들이 고려를 괴롭히기 시작했어요.
왜구는 일본에서 온 해적이에요.

왜구들은 고려 땅을 휩쓸고 다니며 식량을 빼앗고,
사람들을 해치고, 마을과 논밭을 불살랐어요.

"으하하하! 마음껏 빼앗고 해치고 불살라 버려라!
몽골의 눈치나 보며 살던 고려군 따위는 조금도 두렵지 않다!"

고려에는 최영 장군이 있었어요.

"전하! 소장이 나아가 왜구를 물리치겠사옵니다!"

장군은 이제 나이가 많다고 다른 사람들이 말렸지만,
최영 장군은 물러서지 않았어요.

"나라가 위태로운데, 어찌 내 한 몸을 걱정한단 말인가!"

최영 장군이 앞장서서 적진으로 달려갔습니다.

슉!

왜구가 쏜 화살이 장군의 입술에 꽂혔어요.

최영 장군은 입술에 화살이 박힌 채 계속 앞으로 달려 나갔어요.

"나를 따르라!"

최영 장군의 모습에 군사들도 용기를 냈어요.

고려군은 왜구에게 큰 승리를 거두었습니다.

그러나 얼마 후 왜구들이 다시 쳐들어왔어요.

이번에는 이성계 장군이 나섰습니다.

왜구의 대장 아지발도는 갑옷과 투구로 온몸을 꽁꽁 싸매고 멀리 떨어져 있었어요.

하지만 이성계 장군의 화살은 날쌔게 허공을 갈랐어요.

슉!

화살은 아지발도의 투구 끈을 정확하게 맞췄어요.

슉!

두 번째 화살은 아지발도의 입속으로 날아들었어요.

아지발도는 그대로 목숨을 잃었어요.

"와아아아아!"

고려군은 또 큰 승리를 거두었습니다.

"최영 장군 천세! 천세!"
"이성계 장군 천세! 천세! 천천세!"

이제 왜구 걱정 없이 지내게 되었어요.
그렇다고 걱정이 사라진 건 아니었어요.
나라의 곳간은 비었고, 백성들은 굶주렸어요.
귀족들만 넓은 땅을 차지하고 떵떵거렸지요.
귀족들은 백성들의 땅을 빼앗고,
심지어 백성들을 노비로 삼기도 했어요.

고려의 젊은 학자들은 깊은 고민에 빠졌습니다.

"이대로 놔둘 수는 없소. 백성들을 도와야 하오.
우리가 함께 노력하면 고려를 바로 세울 수 있소!"

정몽주 같은 학자들은 그렇게 주장했어요.
하지만 생각이 다른 학자들도 있었어요.

"고려는 이제 틀렸어.
너무 깊이 병들어 고칠 수가 없게 되었어.
새 나라가 필요해. 고려가 아닌 새 나라가!"

정도전은 더 이상 고려에 희망을 갖지 않았어요.
새 나라를 세워야 한다고 생각했지요.
정도전은 이성계 장군을 찾아갔어요.

"장군의 군대는 천하무적입니다. 장군께서 무슨 일이든 못 하시겠습니까?"
"허허허. 일개 장군인 제가 무슨 일을 할 수 있겠습니까?"
"장군! 장군만이 이 나라를 구할 수 있습니다. 새 나라를 세울 수 있습니다."

이성계 장군은 쉽게 대답할 수 없었어요.
새 나라를 세운다!
그건 곧 지금의 고려를 배신하는 일이었습니다.
실패하면 자신은 물론 온 가족이 목숨을 잃을 터였지요.

이성계 장군은 고민에 빠져 뒤척이다 잠이 들었어요.
그런데 문득 요란한 소리에 잠에서 깨어났어요.
집이 통째로 흔들리고 있었어요.
천장을 받치고 있던 서까래까지 무너져 내렸습니다.
이성계 장군은 깜짝 놀라서 방에서 뛰어나갔습니다.
그 순간 서까래 세 개가 장군의 등에 떨어졌어요.

"으악!"

이성계 장군은 벌떡 일어났어요.
다행히 꿈이었습니다. 너무나도 생생한 꿈이었지요.
이성계 장군은 지혜롭기로 이름난 스님을 찾아갔어요.

"이 꿈의 뜻이 무엇이겠습니까?"

스님은 조용히 일어나 장군에게 큰절을 했어요.

"아니, 스님. 왜 이러시는 겁니까?"
"기다란 사람의 몸에 서까래 세 개가 떨어졌으니,
이는 임금을 뜻하는 '왕' 자입니다.
이성계 장군, 당신은 왕이 되실 겁니다."

그 무렵 마침내 몽골의 원나라는 중국에서 쫓겨났어요.
중국 땅에는 명나라가 들어섰습니다.
그런데 명나라 태조 주원장은 고려를 우습게 여겼어요.
값진 물건을 내놓아라, 부려 먹을 사람을 내놓아라,
그러다 급기야 땅까지 내놓으라고 우겨 댔어요.

"이제 몽골의 땅은 모두 우리 명나라의 것이다! 고려 북쪽의 땅을 내놓아라!"

그 땅은 공민왕의 명으로 이성계 장군이 몽골에게 되찾은 땅이었어요.
고려의 땅이었지요.

주원장의 욕심은 그것만이 아니었어요.

"제주도가 참으로 마음에 드는구나. 말을 기르기에 좋겠어. 제주도도 우리 명나라에게 바치도록 하라!"

고려 사람들은 몹시 화가 났어요. 특히 최영 장군의 분노가 컸어요.

"전하! 압록강 너머 요동 땅은 고구려의 옛 땅이옵니다.
마땅히 고구려를 이어받은 우리 고려의 땅이옵니다.
명나라에게 고려의 힘을 보여 주어야 하옵니다!"

그런데 이성계 장군이 전쟁에 반대했습니다.

"작은 나라가 큰 나라를 먼저 공격해서는 아니 되옵니다.
더구나 지금은 여름입니다. 식량이 부족하고, 전염병이 돌기도 쉽습니다.
이 틈을 타서 왜구가 쳐들어올까 걱정되기도 하옵니다."

하지만 최영 장군은 뜻을 굽히지 않았어요.
우왕도 최영 장군의 뜻에 따랐어요.
마침내 4만여 고려군이 요동으로 떠나게 되었습니다.
그런데 우왕이 최영 장군을 붙잡았습니다.

"장군! 가지 마시오! 장군이 없으면 누가 나를 지켜 준단 말이오!"

최영 장군은 왕의 부탁을 거절하지 못했어요.
최영 장군을 대신하여 이성계 장군이 고려군을 이끌게 되었어요.

그런데 비가 내렸어요. 여름 장마의 시작이었어요.
어느덧 고려군은 압록강의 위화도에 도착했지만, 강을 건너기 어려웠어요.
강물은 불어났고, 군사들은 지쳤어요.
식량을 구하기도 어려웠어요.
이성계 장군은 왕에게 편지를 썼어요.

도저히 더 나아갈 수 없습니다. 이제라도 군대를 돌리게 허락하여 주소서!

하지만 우왕은 허락하지 않았어요. 최영 장군의 뜻도 같았지요.
무슨 일이 있어도 요동으로 나아가라는 명령뿐이었어요.
이성계 장군이 다른 장군들에게 말했어요.

"아무래도 안 되겠소. 개경으로 돌아갑시다."
"장군! 허락 없이 군대를 돌리는 건, 왕과 맞서겠다는 것입니다!"
"그럼 이대로 전쟁을 계속하자는 말이오? 고려가 위험해져도 좋단 말이오?
군사들이 헛되이 죽어도 좋단 말이오?"

결국 다른 장군들도 뜻을 함께하게 되었어요.
이성계 장군은 4만의 군사를 이끌고 개경으로 향했습니다.

"장군! 최영 장군! 이성계 장군이 돌아오고 있소!"

우왕은 겁에 질려 어쩔 줄을 몰랐어요.
최영 장군은 성문을 굳게 닫고, 남아 있는 군사를 불러 모았어요.
하지만 이성계 장군은 4만의 군사를 거느리고 있었어요.
용맹한 장군들도 모두 이성계와 함께 있었어요.
이성계 장군에게 이기기는 어려웠어요.
자칫하다 왕까지 위험해질 수도 있었어요.

최영 장군은 왕에게 큰절을 올렸어요.

"전하. 끝까지 지켜 드리지 못하여 죄송하옵니다."
"아니 되오! 장군! 나를 두고 가면 아니 되오! 장군!"

우왕이 울며불며 붙잡았지만, 이번에는 소용없었어요.
최영 장군은 성문을 열고 이성계 장군에게 항복했어요.
전쟁을 일으켰다는 죄로 최영 장군은 처형당했습니다.

이성계 장군은 고려에서 가장 힘 있는 사람이 되었습니다.
우왕을 내쫓고 아홉 살 난 어린 왕자를 왕으로 세웠어요.
그러다 금세 또 왕을 다른 사람으로 바꾸어 버렸어요.
왕의 먼 친척인 왕요가 공양왕이 되었어요.
그래도 아무도 반대하지 못했어요.

"이제 이성계 장군이 왕이 되려는가?"
"감히 누가 이성계 장군을 막을 수 있겠는가?"

하지만 아직 고려를 포기하지 않은 사람도 있었어요.
학자로 이름 높은 정몽주였어요.

'나 정몽주가 목숨을 바쳐 고려를 지킬 것이다.
하늘이 반드시 나를 도와 고려를 지킬 기회를 내려 주실 것이다.'

그런데 뜻밖의 소식이 날아들었어요.

"이성계 장군이 사냥을 하다 말에서 떨어졌다고 합니다!
크게 다쳐 벽란도에 누워 있다고 합니다."

정몽주는 주먹을 불끈 쥐었어요.
이성계 장군을 몰아내고, 고려를 지킬 기회였어요.
정몽주는 왕을 찾아갔어요.
뜻을 함께하는 신하들도 은밀히 불러 모았어요.

"전하, 이성계 장군이 없는 틈에 그 힘을 꺾어야 하옵니다.
감히 왕의 뜻을 어기고 이성계를 따르는 자들을 처형하소서."

하지만 공양왕은 이성계 장군이 두렵기만 했어요.

"좀 더 생각해 봅시다. 일단…… 그들을 잡아 가두도록 하시오."

군사들이 이성계의 부하들을 잡아들였어요.
잡혀가지 않은 부하들은 겁에 질려 꼼짝을 못 했어요.

그런데 이성계를 꼭 닮은 청년이 남몰래 개경을 빠져나갔어요.
이성계 장군의 다섯째 아들 이방원이었어요.
이방원은 말을 달려 벽란도로 갔어요.

"아버님! 큰일 났습니다. 정몽주가 우리를 공격하고 있습니다.
아버님의 부하들이 모두 잡혀갔습니다.
이제 곧 저들이 아버님을 해치려 들 것입니다!"
"뭐라고…… 했느냐?"

이성계는 아직 상처가 깊었어요.
스스로 걸어갈 힘도 없었어요.
정몽주가 그 밤에 군사를 보낼지도 몰랐지요.
이성계 장군은 이를 악물고 일어났어요.
이방원이 아버지를 도왔어요.
이성계 장군과 이방원은 위험을 무릅쓰고 개경으로 돌아왔습니다.

모든 일은 처음으로 되돌아갔어요.
이성계 장군은 다시 왕보다 강한 힘을 되찾았어요.

그래도 정몽주는 여전히 이성계 장군의 반대편에 섰어요.
이방원은 그런 정몽주를 그냥 둘 수 없었어요.
정몽주가 이성계 장군의 병문안을 왔던 날,
이방원이 정몽주를 붙잡았어요.

"차 한잔 들고 가시지요. 제가 공에게 시 한 수 들려 드리고자 합니다."

이런들 어떠리 저런들 어떠리
만수산 드렁칡이 얽혀진들 어떠리
우리도 이같이 얽혀서 백 년까지 누리리라.

그러자 정몽주도 답으로 시를 읊었습니다.

이 몸이 죽고 죽어 일백 번 고쳐 죽어
백골이 진토 되어 넋이라도 있고 없고
임 향한 일편단심이야 가실 줄이 있으랴.

이방원의 시는 칡넝쿨이 얽혀 자라듯 한편이 되자는 뜻이었어요.
정몽주의 시는 오로지 고려만을 따르겠다는 것이었죠.
이방원은 결심했어요.

'정몽주를 살려 두면 안 되겠다.'

하지만 이성계와 정몽주는 오랫동안 가까이 지낸 사이였어요.
이방원은 아버지 몰래 은밀히 부하들을 불러 모았어요.

어느덧 해는 저물었어요.
정몽주는 나귀를 타고 선죽교로 들어섰어요.

"정몽주!"

이방원의 부하들이 정몽주를 에워쌌어요.
누가 도와줄 틈도 없었어요.
정몽주는 선죽교에 쓰러져 숨을 거두었어요.
고려는 마지막 신하를 잃었습니다.

태조 왕건이 나라를 세운 지 오백 년, 고려는 문을 닫았어요.
이성계가 새 나라를 세우고 왕이 되었습니다.

"저 옛날 한반도의 역사를 시작한 고조선을 이어받아
조선을 세우노라.
산에 둘러싸여 있고, 큰 강이 흐르는 한양에
왕성을 짓겠노라."

새 나라의 이름은 조선.
흥인지문, 돈의문, 숭례문, 숙정문으로
동서남북에 대문을 내고, 왕성을 쌓았어요.
가장 좋은 자리에 왕궁을 짓고,
그 이름을 '경복궁'이라 했어요.
한양이 바로 오늘날의 서울이에요.

그래도 끝내 고려를 잊지 못하는 사람들도 있었어요.
조선에 맞서다 갇힌 사람들도 있고, 목숨을 잃은 사람들도 있었어요.
세상을 떠나 깊은 산속으로 들어가 버리기도 하고,
바람처럼 이리저리 떠돌아다니기도 했어요.
하지만 고려는 이미 사라졌어요.

새 나라 조선의 아침이 밝아 왔어요.

나의 첫 역사 여행

새 나라의 꿈

유학

새 나라 조선은 유학을 따랐어요.
유학은 중국의 철학자인 공자의 가르침을 담은 학문으로, '유교'라고도 해요.
유교는 바로 지금 여기에서 올바르게 사는 법을 가르치지요.
조선의 젊은 학자들은 유학의 가르침에 따르는 나라를 만들고자 했어요.

- 서울 한양 도성 ▼ seoulcitywall.seoul.go.kr
- 한양 도성 박물관 ▼ www.museum.seoul.kr/scwm/NR_index.do

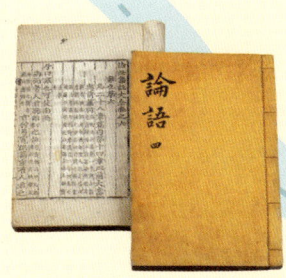

공자의 가르침을 담은 유교 경전 《논어》

서울을 둘러싼 한양 도성의 성곽길

불에 타기 전 숭례문의 모습

'예의를 숭상한다.'는 뜻의 숭례문 현판

과전법

'부지런히 나랏일에 힘쓰라.'는 뜻의 경복궁 근정전

새 나라 조선은 고려의 귀족들에게서 땅을 빼앗았어요.
모든 땅은 나라의 것으로, 필요한 이들에게 빌려주었어요.
나라를 위해 일하는 관리들에게 돈 대신 땅을 빌려주거나
농민들에게 땅을 빌려주고 세금을 받았어요.
그렇게 땅을 빌릴 수 있을 뿐, 누구도 땅을 제 것으로
가질 수 없게 하려는 법이 바로 '과전법'이었지요.
땅은 모두의 것! 그것이 새 나라 조선의 꿈이었어요.

경복궁 ▼ www.royalpalace.go.kr

북벌

이성계는 위화도에서 회군하여 고려를 무너뜨리고 조선을 세웠어요.
하지만 새 나라 조선 역시 한반도 너머 북쪽의 큰 땅을 꿈꾸었지요.
조선의 첫 번째 왕이 된 태조 이성계는 정도전과 함께
다시 북쪽으로 군대를 보내려고 했어요.
하지만 이번에는 이성계의 아들 이방원이
정도전에 반대하며 북벌의 꿈을 꺾고 말았지요.

조선 초 북벌에 나선
김종서 장군을 그린 그림

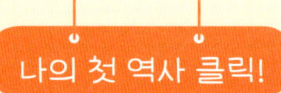

새 나라를 세운 사대부

'사대부'란, 유학을 공부하며 나라를 위해 일하는 젊은 학자들을 가리키는 말이었어요.
'사'는 공부하는 사람을 뜻하고, '대부'는 나라를 위해 일하는 관리를 뜻해요.
그런데 고려는 아무래도 사대부의 뜻과 맞지 않았어요.
고려는 유교가 아닌 불교를 받드는 나라였어요.
귀족들이 멋대로 나랏일을 휘두르고 백성들을 괴롭혔어요.
사대부들은 그런 잘못을 모른 척하지 않았어요.
정몽주 같은 사대부들은 고려를 바로 세우기 위해 애썼어요.

포은 정몽주의 초상화

경기도 용인에 있는 정몽주의 무덤

정도전 같은 사대부들은 새 나라를 꿈꾸었어요.
결국 정도전의 뜻을 따르는 사대부들이 이성계 장군과 손을 잡고,
고려를 무너뜨린 뒤 새 나라를 세웠어요.
조선을 세운 것은 이성계 한 사람의 힘이 아니었어요.
새 나라 조선은 사대부의 나라였어요.

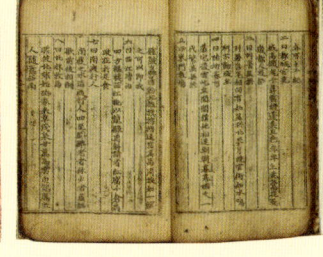

조선 건국에 큰 공을 세운 정도전 **정도전이 자신의 생각을 남긴 《삼봉집》**

글 이현

세상 모든 것의 이야기가 궁금한 동화작가입니다. 우리나라 곳곳에 깃든 이야기를 찾아 어린이들의 첫 번째 역사책을 쓰고 있습니다. 그동안 《짜장면 불어요》, 《로봇의 별》, 《악당의 무게》, 《푸른 사자 와니니》, 《플레이 볼》, 《일곱 개의 화살》, 《조막만 한 조막이》, 《내가 하고 싶은 일, 작가》 등을 썼습니다. 제13회 전태일 문학상, 제10회 창비좋은어린이책 공모 대상, 제2회 창원아동문학상 등을 받았습니다.

그림 홍지혜

즐겁게 그린 그림은 보는 사람도 즐겁게 한다는 마음으로 그림을 그립니다. 2011년 볼로냐 국제아동도서전에서 '올해의 일러스트레이터'로 선정되었습니다. 그린 책으로 《열두 달 김치 이야기》, 《토끼전》, 《장화홍련전》, 《너울너울 신바닥이》, 《옛이야기 들으러 미술관 갈까?》, 《해바라기 마을의 거대 바위》 등이 있습니다.

나의 첫 역사책 12 — 새로운 우리나라 조선

1판 1쇄 발행일 2019년 11월 30일 | 1판 9쇄 발행일 2023년 1월 9일
글 이현 | **그림** 홍지혜 | **발행인** 김학원 | **기획** 이주은 박현혜 도아라 | **표지·본문 디자인** 유주현 한예슬
저자·독자 서비스 humanist@humanistbooks.com | **스캔** (주)로얄프로세스 | **용지** 화인페이퍼 | **인쇄** 삼조인쇄 | **제본** 영신사
발행처 휴먼어린이 | **출판등록** 제313-2006-000161호(2006년 7월 31일) | **주소** (03991) 서울시 마포구 동교로23길 76(연남동)
전화 02-335-4422 | **팩스** 02-334-3427 | **홈페이지** www.humanistbooks.com

글 ⓒ 이현, 2019 그림 ⓒ 홍지혜, 2019
ISBN 978-89-6591-379-5 74910
ISBN 978-89-6591-332-0 74910(세트)

- 이 책은 저작권법에 따라 보호받는 저작물이므로 무단 전재와 무단 복제를 금합니다.
- 이 책의 전부 또는 일부를 이용하려면 반드시 저작권자와 휴먼어린이 출판사의 동의를 받아야 합니다.
- **사용연령 6세 이상** 종이에 베이거나 긁히지 않도록 조심하세요. 책 모서리가 날카로우니 던지거나 떨어뜨리지 마세요.